Marion Jana Goeritz

Das grüne Kleid im Labyrinth

Bibliografische Information der Deutschen Nationalbibliothek:

Die Deutsche Nationalbibliothek verzeichnet diese Publikation in der Deutschen Nationalbibliografie; detaillierte bibliografische Daten sind im Internet über http://dnb.dnb.de abrufbar.

© 2019 Marion Jana Goeritz

Coverbild: Kaylin Art auf Pixabay

Coverbild bearbeitet: Marion Jana Goeritz

Herstellung und Verlag: BoD – Books on Demand, Norderstedt

ISBN: 978-3-7504-0490-8

Herzlich Willkommen liebe Leser,

ein kleines Labyrinth der Gefühle, und manchmal waren wir wohl schon darin unterwegs.

Es gab nur einen Weg hinaus. Vieles konnten wir verstehen und nachempfinden, anderes wieder weniger. Und befanden wir uns auch in einem solchen, gingen wir doch gestärkt wieder hinaus.

Wir trugen ein grünes Kleid.

Herzlichst

Marion Jana Goeritz

Im Ozean der Ewigkeit,

schweben sie

im grünen Kleid.

Nichts scheint greifbar,

nichts erscheint,

ihre Augen leise.

Gedanken ertrinken,

taube Gefühle schwinden,

sie atmen leicht ein

und Schwere aus.

Wellen tragen sie weit,

ihre Haut umspielt

vom kühlen Nass.

Nichts ist greifbar zu der Zeit,

nichts erscheint ihnen

und die Zeit,

ist die Zeit der Wiederkehr.

Wo waren sie einst?

Wo werden sie sein?

Doch wo sie sind,

sie fühlen es jetzt.

Keine Angst wacht in ihnen,

nur ein Gefühl das bleiben will.

Leben in Liebe.

Im Dunkeln tragen sie
sechs der Lichter.
Sie wachen über sie.
Sie zeigen ihnen so manches neu,
das im Licht
nicht sichtbar wäre.
Fassaden sind noch hoch gebaut,
doch ein schönes Gefühl
wohnt schon dahinter.
Und ist ein Licht
auch nicht dabei,
ein weißer Schleier hüllt sie ein
und schützt ihre Seelen
vor dem Wind, der
die Lüge längst verjagt.

✿

Denken sie zurück
an den einsamen Ort,
wachen sie auf.
Der kahle Baum, der dunkle Pfad,
der Fluss gelegt in Schleife.
Sie fühlen sich wieder,
immer mehr,
und eines ist gewiss.
Sie schauen nach Westen,
auch gen Osten,
sie schauen
nach Norden und Süden auch,
doch
was sie wirklich glücklich macht,
finden sie wohl nur in sich.

Sie wanderten weit
durch die Welt.
Kamen vorbei an Flur und Feld.
Sahen so vieles,
was ihnen bekannt,
doch sahen auch
ein fremdes Land.
Sieben Türme standen da,
Mauern so hoch, wie der Himmel,
in den sie sahen.
Bunte Pracht im grünen Land,
wer lebt wohl da?
Sie blieben stehen
und staunten dabei.
Konnten verstehen,
doch verstanden nicht.

waren klein und doch so groß
und fragten sie sich,
wer sie waren,
fühlten sie tief
die Antwort schon.
Sie waren Mensch
und wollten es sein.
Sie waren Liebe
und nichts war vorbei.

Wenn Stufen sie führten

in ein Labyrinth,

das bewacht

in einsamer Gegend stand,

trauten sie sich einst so viel.

Keine Laterne bei Mondenschein,

keine Fackel im Wind,

keine Angst verloren zu gehen,

ihr Weg war nur

von Mut bestimmt.

Und wenn die Stufen

ins Innere führten,

zu kaltem Stein und rauer See,

hatte es wohl doch

einen Lichtblick gegeben,

sonst hätte sie keiner gesehen.

Wenn auch die See
hohe Wellen trug,
am Fels
zerschellten sie einfach so,
doch ihr Mut, ihr Risiko,
blieb ihnen holt,
und eine Rückkehr
war nie geplant,
so fanden sie in eine bessere Welt.

Wenn

bunte Schmetterlinge

sich zeigen,

aber nicht tanzen

im Blumenbunt.

Wenn bunte Farben

hell gemalt,

sich nicht mischen

bei Sonnenglut.

Wenn dies geschieht,

und dann

doch wieder nicht,

sind Gefühle zu schwach,

um wirklich zu leben?

Sie zu malen auf Haut,

sie so zu zeigen,

ohne Worte

doch aber laut,

ist eine Art,

die wohl Liebe noch sucht?

Ihre Flügel sind nicht gestutzt,

sie hatten sie nur nie bemüht.

Haben nie gelernt,

wie sie sie breiten,

wenn ihr Herz sich

nach Ferne sehnt.

Fühlten sich gefesselt,

fühlten sich nicht frei.

Sprengt die Ketten

die euch halten,

nur ihr habt

die positive Kraft dazu.

Sie wohnt tief in euch

und holt ihr sie herauf,

werdet ihr belohnt.

Aufgestanden werdet ihr gehen,

euren Weg der Liebe spricht.

Und ein Jeder darf es sehen,

in eurem Gefühl Zuversicht.

Septemberzeit.

Sie gingen einen Weg

gesäumt von Pfützen.

Bunte Blätter

lagen drinnen

und wohl nichts bewegten sie.

Da kam ein Kind

und warf ein Steinchen,

mitten in eine Pfütze hinein.

Die bunten Blätter

schaukelten freudig

und sie gingen wieder heim.

"Warum nur

bewegte sie das innerlich?"

Die Antwort

fanden sie

ganz tief in sich.

Sie wollten keine Clowns sein,

nicht mehr sie.

Ihre Gesichter sprachen Bände,

doch es fiel ihnen etwas schwer.

Rote Nasen, roter Münder,

Augen manchmal wasserschwer.

Sie fühlt sich,

er fühlt sich immer mehr,

und sein Herz

einst Tonnenschwer,

lies alle Steine fallen.

Wie weit

war er wohl so gegangen?

Wie weit

war er von sich noch entfernt?

Nun hat er bereits angefangen,
sich selbst zu lieben.
Manchmal gar so schwer,
manchmal einfach leicht,
dann fragt er sich,
warum er es
nicht schon früher tat.
Und sie, freut sich mit ihm.

Sie tauchte auf,

zu einer Zeit des Nachdenkens.

War da und blieb auf eine Art,

die sie nicht kannte.

Der Mond war aufgegangen

und sein Silberlicht

verhüllt durch dunkle Wolken.

Der See lag ruhig

und doch die Wellen

kamen zum Ufer gerannt.

Wer war sie?

Woher kam sie

und weshalb jetzt?

Welcher Zeit

war sie entsprungen,

und was erzählte sie ihr
mitten in der Nacht?
Kein Boot zu sehen,
kein Schiff am Ufer,
keine Menschenseele.
Nur sie,
in ihrer Jugendlichkeit
tauchte auf zu einer Zeit,
wo andere längst schliefen.

Wie im Traum.

Ein großes Tor,

das stand da offen,

zeigte das Universum weit.

Planeten

schwebten durch die Lande,

oben und unten, weit und breit.

Dunkel schien die Welt

da draußen, helles Licht

nur im Raum.

Grad kein Gefühl

was zu tun wäre,

aber Neugier erwachte in ihr.

Ohne Mut

ging es nicht vorwärts,

ohne Halt, doch viel zu schnell.

Zeitgeschick in ihren Händen,

nichts von dem

kann wirklich sein.

War der Traum

ein Traum geblieben?

War er groß, zu groß für sie?

Ein großes Tor,

sie stand daneben

und schaute einfach mal hinaus.

Sie konnte greifen

nach der Ferne.

Sie konnte sehen,

das Bunte auch.

Doch sie sah auch manche Seele,

in schwarz weiß nur,

schade doch.

Einst lebte sie
auf dem Grund des Meeres,
zwischen Sand
und altem Gestein.
Besuchte
längst vergessene Schätze
und so manches Schiff,
das da lag allein.
Wohnte zwischen Meeresgrün
und so mancher hoher Welle.
Sie trank die Flut
und liebte die See,
bis man sie erkannte.
Schnell und schneller wurde sie,
tanzte den Regenbogen
auf hoher See,

spielte mit Delphinen
und war nie mehr gesehen.
Einst lebte sie
auf dem Grund des Meeres,
zwischen Hügeln
und tiefen Tälern.
Besuchte
längst vergessene Städte,
die wir nur aus Sagen kennen.
Einst lebte sie
auf dem Grund des Meeres,
er war ihr zu Haus.
Sie lernte sich zu behaupten
und niemand fand je heraus,
wer sie wirklich war.

✡

Es waren so viele,

die da tanzten,

mit ihren Masken,

bunt und schön.

Erzählten laut aus ihrem Leben

und so mancher verfiel ihnen

schon beim ersten Wort.

Bunte Kleider trugen sie,

die schwer und auch lang.

Sie drehten sich lustig zur Musik,

und ihre Masken behielten sie an.

Manche Nacht so durchgemacht,

am Tag von nichts gewusst.

Mancher einfach reingefallen

auf diese große Lust.

Und sieht man sie
noch heute feiern
im Saal der großen Feste,
so manche, die ohne Gefühl,
sich halten an ihren Masken.

Wenn der Wind sich zeigt,

aus einer Richtung,

und er bläst gegen dich.

Hältst du ihm stand,

oder bewegst du dich

wohin er es will?

Gehst du des Nachts

deiner Wege

und schaust in dein Gesicht,

hältst du stand deiner Gefühle,

oder bewegst du dich?

Der Nebelmond
lässt nur wenig erspähen,
was das Dunkel ganz verbarg.
Alte Mauern stehen verlassen,
mitten im windenden Grün.
Raben erzählen alte Geschichten,
ein Käuzchen ruft in der Nacht.
Leise Schritte
wandeln auf Wegen,
doch sie geben auf sich acht.
Wer hier war, hat zu erzählen,
wer es findet
spricht nicht davon.
Alte Zeiten verlorener Glanz,
alte Mauer
was beherbergtes du?

✿

Es ist die Welt

die auf uns schaut,

es ist die Welt die wir sehen.

Es zeigen sich so viele Facetten

des Lebens auf ihr.

Es sind die Menschen

die sie lieben,

es sind die Menschen

die sie ruinieren,

es sind wir alle irgendwie.

Wo fangen wir an,

ist unsere Frage,

wer beginnt,

doch wir schauen wohl nur,

dabei kann ein Jeder etwas Tun,

damit die Welt
besser atmen kann.
Ich, genau so wie du.

Sie suchte sich in ihrem Leben,

sie fand hinein in einen Raum.

Sie sah so viele Zahnräder

sich bewegen

und erwachte

so gleich aus ihren Traum.

Und wenn sie bauen
hoch und höher,
doch ihr Herz bleibt unerfüllt.
Fliegen alle bunten Träume
über dieses Wolkenkind.
Es steht nur da
und seine Aussicht,
ist Beton grau und hart,
vielleicht noch eine Glasfassade,
doch
das war es dann auch schon.
Und wenn sie bauen
hoch und höher,
immer wieder, immer mehr,
kann die Erde
bald nicht mehr atmen,

lassen wir es nicht zu,

es ist verkehrt.

✿

Der Würfel fiel um Mitternacht,
der Raum fast dunkel,
die Uhr tickte leise.
Nebelschwaden reisten.
Augenpaare blickten forsch,
verfolgten jeden Wurf.
Wenn sie sich nur
erinnert hätten,
wie der Würfel fiel,
wüssten sie längst,
nicht sie entschieden das Spiel.

Weit in der Vergangenheit,

fand er sie im Suchen.

Sein Gefühl beschrieb sie so,

sie ist ein Zeitenmesser.

Kein Ticken, kein Klicken,

kein Zeiger der sich schob.

Doch viele kleine Rädchen

schmückten sie.

Jedoch was er fand,

war sein zweites Gesicht,

das sich zeigte im Licht,

das seinen Weg dorthin fand.

Er lachte, er weinte,

er argumentierte, er spielte,

er rollte sich ein.

Er nahm sich wahr
mit zwei Gesichtern
und eines davon war zu viel,
denn es war nicht seines.

Sie ging auf Reisen
und sah Länder,
von denen Wolken ihr erzählten.
Buntes Laub schmückte die Erde
und sie lag darauf.
Ihre Träume waren geboren
in einer für sie traurigen Zeit.
Fast wäre sie erfroren,
wenn nicht der Himmel
ihr gezeigt,
das es auch andere
Wege geben kann.
Ruhte aus, und sah hinauf,
erzählte aus der Seele.
Sprach mal leise, schrie mal laut,
es war eine Reise zum Vergeben.

Wo gestern noch nichts war,
heute eine Brücke steht.
Das Gestern war noch dunkel.
Der Weg zur Freiheit schmal,
doch schön,
ein breiter Weg sich öffnet.
Schritte gehen langsam schnell,
nichts hält sich mehr fest,
das nicht zusammengehört.
Gefühle finden zur Ruhe auf ihr,
Zukunft liegt in der Luft.
Das Geländer fest und stark,
es hält wohl Jahrhunderte aus.
Nicht aus Holz,
aus Stahl gemacht,
schenkt es so manchem Gold.

Trage die Glut in deinem Herzen,

spreche der Seele Worte aus.

Zeige dich

wie dich Gott gemeint hat,

und frage nicht

wohin es führen mag.

Fange ein und lasse fliegen,

rühre nicht, doch berühre sanft.

Und kannst du

einen anderen bewegen,

erfreue dich an dem Weltentanz.

Sie atmet ein, sie atmet aus,

sie steht

auf dem Grund des Meeres.

Sie schaut nach oben

und lässt los,

das was schon lange her ist.

Sonne beobachtet

mit letzter Kraft,

das Geschehen von oben,

bis sie am Morgen neu erwacht,

glätten sich die Wogen.

Sie zeigt sich eben, so wie sie ist,

mit ihren Fehlern und Tücken.

Sie arbeitet ohne List,

doch weiß sich auch zu wehren.

Schreitet voran im Weltentaumel.

Vertrauen oft gefunden.

Mut gesät und irgendwann,

war er ihr Begleiter

auf all ihren Wegen.

Wolkenberge türmten sich
hinter ihrem Rücken,
sie lies sie ziehen irgendwo hin,
blickte nie zurück.
Ihr Weg,
er führte sie weg von dort,
hinein in ihr Leben,
das Schwert
in ihrer festen Hand,
es sprach manchmal davon.
Was sie Falsches auch erspähte,
wandelte sich
manchmal erst in Jahren,
doch Vertrauen und Zuversicht
wohnten schon in ihr.

Wenn goldener Schein
und Silberlicht am Himmel
sich friedlich begegneten,
dann leuchtete
des Schwertes Klinge nicht,
es lag verhüllt im Nebel.

Sie haben sich gefunden
im Wald der Gefühle,
wachsame Augen blicken umher.
Sie stehen zusammen,
berühren die Seele,
gehen schon lange so umher.
Sehen sich, sehen sich nicht,
warten auf das Licht.
Grünes Laub bedeckt die Welten,
schauen wo der Weg sein mag.
Fragen sich, fragen den anderen,
doch ob eine Antwort widerhallt,
liegt an ihnen nur allein.

wenn die Stille

die Abendsonne

widerspiegelt in ihrem Rot,

wachsen Tausend schöne Träume

bis in den bunten Himmel hoch.

Sie schweben zusammen,

halten sich

bis tief in die blaue Nacht.

Und wenn

die ersten Sonnenstrahlen

das Wasser

wieder berühren sacht,

erfahren die Träume

das Leben schon,

hättest du das gedacht?

✿

Bitte halt sie,
lass sie nicht stehen,
bitte verzag nicht,
nichts kann geschehen.
Hände berührten, Augen suchten,
Herz fand jedoch nie,
was es sich so ersehnte.
Lasst seine Schatten
im walde vergehen,
führt ihn zur Sonne hoch.
Fragt nicht, aber antworte ihm,
er fühlt wohl einfach anders.

✿

Es ist die Liebe

die himmlisch spricht,

mit leisen entzückenden Worten.

Es ist das Leben

das glücklich sein lässt,

geht man auf ihren Wegen.

✿

Er sitzt und wartet
fehlgeleitet?
Gefühle erzählen nicht mehr.
Gedanken
schwirren im Raum,
doch keiner findet zu ihm?
Zeigt sich nicht wirklich,
versteckt sich nur.
Maske lässt jedoch erahnen,
für die, die ihre Gefühle leben,
ist er kein Mensch der Wahrheit?

Sie steht daneben
und sie denkt nach.
Holt Gefühle hervor.
Ihre Maske abgestreift,
zu groß war sie nun wohl?
Lehnt sich an,
doch erfährt keinen Halt,
die Maske bröckelt schon.
Viele Risse kleiden sie,
doch sie schaut
nun nur noch nach vorn.

Das Rad der Zeit, es hält nie an.

Was auch geschieht,

es rollt weiter.

Es braucht keine Pause,

es braucht keinen Halt,

egal wie die Wege auch sind.

Ob Goldenlicht,

oder Silberhimmel,

ob Wind, oder Sturm,

ob es regnet, oder schneit,

das Rad der Zeit läuft immer zu.

Es liegt in uns,

an unserer Schönheit,

wie wir alles sehen mögen.

Es liegt in uns allein.

✿

Wir dürfen alles sehen,
wir dürfen es auch benennen.
Das Helle, und das Dunkle auch,
doch sollten wir uns
im Dunkeln nicht verrennen,
damit das Helle weiter kommt.

Und als die Flut mit ihrer Kraft,

so manches schwemmte an Land.

War es dem Silberlicht egal,

hatte es schon gelernt?

Der Boden,

er trug manchmal schwer,

am Anfang und am Ende.

Die Wellen küssten ihn immerfort,

Berührung fand kein Ende.

Sie brachten mit

und trugen fort,

so geht wohl auch das Leben,

Und war die Zeit der Flut vorbei,

Ebbe war gemacht.

Doch dann

kam so manches wohl ans Licht,

hätten wir das gedacht?

Gefangen im Muster
aus seidenen Fäden,
suchten und fanden,
warteten niemals mittendrin.
Goldgelbe Strahlen
streichelten darüber,
Silbermond berührte sie.
Doch was am Morgen
und am Abend
herrlich glänzte wohl einfach so,
war kein Garant
für ein schönes Leben,
es war nur ein Muster wohl,
das nicht allen Leben schenkte.

Sie streifen durch Wälder,
erklimmen den Berg,
wachen über sich.
Halten Ausschau
nach trägen Seelen,
die nicht wissen, wer sie sind.
Sie lieben, sie heulen,
sie geben acht,
entdecken jedes Leben.
Reisen durch Länder,
Kilometerweit,
werden gejagt und gepriesen.
Erzählen Geschichten
Jahrhunderte schon
und manchem
macht es wohl Angst,

doch wer sie achtet
wird vielleicht belohnt,
ihr Totem kann Freund auch sein.

Sie tauchte

zum Grund des Meeres.

Nahm mit was ihr entgegen kam

und führte es zum Licht.

Bei ihrer Reise trug sie schwer,

doch als

der erste Sonnenstrahl berührte,

was sie dem Grund entnahm,

war es,

als wäre eine Last gewichen.

Leichtigkeit in ihr.

Sind wir groß? Wir sind groß!
Größer
als wir es gestern schon waren.
Manchmal wenn Worte schweigen,
treffen sie schwer in die Seele.
Wenn wir vertrauen
und uns trauen,
werden wir
immer vorwärtsgehen,
auch wenn einer von uns
einen Schritt zurück wohl weicht.

Das grüne Meer

aus der Ewigkeit,

beherbergt noch

unzählige Tropfen.

Viele schwimmen

schon wieder an Land,

um Neues zu erkunden.

Einst im Dunkeln aufgefangen,

erzählen sie heute bei Tag.

Und schwimmt einer mittendrin,

fällt es ihm leicht

mit den Wogen zu ziehen.

Doch sieht er Land,

wächst Mut in ihm,

es noch einmal zu versuchen,

doch nur in Vertrauen,

sonst führt sein Weg

ins grüne Meer zurück.

Eingehüllt ein einen Tropfen nur,

saß er allein im Dunkel.

Er schaute

einmal hoch zum Licht,

und fühlte,

das nur er etwas

daran ändern konnte.

Mit einem Mal war er frei,

mit einem Schritt

war er vorwärts gegangen.

Und er hatte

über sich selbst gelacht,

dass

das kleinste Fünkchen Mut

gereicht,

um aus der dunklen Hülle

zu entkommen.

Des Nachts lagen sie wach,
Träume verboten,
verborgen vor ihnen.
Doch sie legte sich
einfach zu ihm
und hielt seine Hand,
leise Worte erreichten sie,
und seine Frage
spielte keine Rolle für sie,
denn nur die Liebe zählte.
Die Stunden im Dunkel
wurden hell, sie schlief ruhig ein.
Er weit weg
und ihre Frage am Morgen
bewegte wohl nichts in ihm.

Wie nur

sollen sie sich

jemals selbst verstehen?

Und wo liegt die Antwort

wohl darauf?

Von Marion Jana Goeritz ebenfalls
beim Verlag BoD erschienen (BoD
Books on Demand, Norderstedt, nähe-
re Informationen finden Sie unter ww-
w.BoD.de)

„Liebe für die Seele Band 1"
ISBN 978-3-7357-4045-8

„Liebe für die Seele Band 2"
ISBN 978-3-7357-7734-8

„Seelenweiß"
ISBN 978-3-7347-5769-3

„Seelen essen Liebe gern"
ISBN 978-3-7347-8706-5

„SeelenEngel"
ein spiritueller Erfahrungsbericht
ISBN 978-3-7386-2588-2

„SeelenSchlüssel"
ISBH 978-3-7386-3844-8

„Seelenfarben"
ISBN 978-3-7386-3947-6

„Seelenschimmer"
ISBN 978-3-7386-4014-4

„Seelenfinden"
ISBN 978-3-7386-4037-3

„Ein Gefühl meiner Seele"
ISBN 978-3-7386-1506-7

„Seelenfrieden" Danken, Bitten, Ent-
spannung ein persönlicher Erfahrungs-
bericht
ISBN: 978-3-7386-4884-3

„Seelenweihnacht"
ISBN: 978-3-7386-5616-9

„Im Land unter dem Regenbogen"
Wunderbare Märchen und unglaubli-
che Geschichten
ISBN: 978-3-7392-0115-3

„Freddy und seine Geschichten"
ISBN: 978-3-7386-3321-4

„SeelenWorte"
ISBN: 978-3-7392-0455-0

„Herzanker"
ISBN: 978-3-7392-3482-3

„Im Fluss der Liebe"
ISBN: 978-3-7392-3489-2

„Seelenklänge"
ISBN: 978-3-7392-3532-5

„Liebeslied"
ISBN: 978-3-7392-3548-6

„Wahre Traumtänzerin"
ISBN: 978-3-7392-3556-1

„Emilia Sommerfeld"
ISBN: 978-3-7392-3787-9

„Für mich war es Liebe"
ISBN: 978-3-8423-5362-6

„Kaleidoskop"
ISBN: 978-3-8423-5738-9

„Die verzauberte Wiese"
ISBN: 978-3-7412-0772-3

„Seelenbrücke"
ISBN: 978-3-7412-0890-4

„Wetterleuchten"
ISBN: 978-3-7412-2740-0

„Zentrifuge"
ISBN: 978-3-7412-4011-9

„Für Dich"
ISBN: 978-3-7412-4018-8

„Hannos Geschichten"
ISBN: 978-3-7412-9373-3

„Das Eulenherz"
ISBN: 978-3-7431-0009-1

„Eine Reise irgendwo hin"
ISBH: 978-3-7421-0042-8

„Ist das wirklich wahr?"
ISBN: 978-3-7431-1549-1

„Stille Momente"
ISBN: 978-3-7431-1586-6

„Engelszwirn"
ISBN: 978-3-7431-1594-1

„Anders"
ISBN: 978-3-7448-3582-4

„Wenn es spricht"
ISBN: 978-3-7448-3583-1

„Jonas und die Himmelsleiter"
ISBN: 978-3-7448-5452-8

„Farbenregen"
ISBN: 978-3-7448-5453-5

„Wellenfarbe"
ISBN: 978-3-7448-7311-6

Blanchefleur
ISBN: 978-3-7448-7415-1

„Winterzauber"
ISBN: 978-3-7448-9885-0

„Seele was denkst du dir?"
ISBN: 978-3-7448-9937-6

"Der Südwind
der aus dem Norden kam"
ISBN: 978-3-7448-8206-4

"Erinnerungsblick"
ISBN: 978-3-7460-1281-0

„Mosaik" Gefühle und Gedanken
Gedichte
ISBN:978-3-7460-1320-6

„Begegnung"
ISBN: 978-3-7460-9595-0

„Sternenozean"
ISBN:978-3-7460-9685-8

„Himmelsstern"
ISBN: 978-3-7528-5012-3

„Mut verspricht Lebendigkeit"
ISBN: 978-3-7528-5071-0

„Liebeswort-Gedichte"
ISBN: 978-3-7528-6639-1

„Wenn Schiffe wandern"
ISBN: 978-3-7528-6655-1

„Bunte Federstriche" Gedichte
ISBN: 978-3-7481-0960-0

„Himmelblau und Sonnenreich"
Tierseelengeschichten
ISBN: 978-3-7481-3289-9

„Durchreisen"
ISBN: 978-3-7386-5903-0

„Grüne Traummusik"
ISBN: 978-3-7392-4925-4

„Bewegung"
ISBN: 978-3-7481-4013-9

„Wolken am Himmelsrand"
ISBN: 978-3-7494-8219-1

„Schrittweise"
ISBN: 978-3-7448-0116-4

Weitere Informationen zu Neuerschei-
nungen finden Sie immer auf meiner
Seite

www.buchkaleidoskop.Reikipra-
xis-Goeritz.de